MW01700134

LES CONTES DU CHATEAU

Heather Amery
Illustrations : Stephen Cartwright
Conseillère linguistique : Betty Root
Directrice de la collection : Jenny Tyler
Traduction : Nathalie Chaput

Cherche le petit canard jaune qui se cache sur chaque page de ce livre.

Note pour les parents

Les histoires de la collection *Les contes du château* ont été spécialement écrites pour aider les jeunes enfants dans leur apprentissage de la lecture.

Dans ce but, nous vous conseillons de lire d'abord le livre à haute voix et de décrire les illustrations. Demandez ensuite à l'enfant de lire la première ligne située en haut de chaque page, puis lisez-lui le texte du bas de la page. L'enfant, ainsi accompagné dans son effort, se sent en confiance et prend plaisir à participer de lui-même à la lecture. Peu à peu, il découvrira avec joie et fierté qu'il peut lire le texte en entier sans aucune aide.

Les contes du château permettent en outre aux enfants et aux parents de partager ensemble un moment important.

Betty Root
Conseillère linguistique

LA PRINCESSE ET LE COCHON

Voici le château de Blanchepierre.

Voici le roi Léon et la reine Rose. Ils ont deux enfants, le prince Max et la princesse Alice.

Max et Alice jouent dans la cour.

Ils se déguisent avec de vieux vêtements. Ils jouent au roi et à la reine.

« Qu’est-ce que c’est ? » demande Alice.

« Il y a quelque chose dans cette grosse flaque. »
« C’est un petit cochon, dit Max, il ne peut pas sortir. »

Alice prend le petit cochon dans ses bras.

« Pauvre petit cochon, dit-elle, il s'est échappé de la porcherie et maintenant, il est tout sale. »

« Toi aussi, tu es sale maintenant », lui dit Max.

« Il ne faut surtout pas que maman te voie ! Ce matin, elle t'a bien dit de ne pas te salir. »

« Je vais le laver », dit Alice.

Elle entre dans le château avec le petit cochon et le dépose doucement dans un baquet.

Alice va chercher de l'eau.

Elle court vers le puits. Elle remplit deux grands seaux d'eau et revient vite vers le château.

Alice verse l'eau dans le baquet.

Elle prend du savon et une brosse, et frotte le petit cochon. Les bulles le font éternuer.

Le petit cochon est tout propre maintenant.

Alice le sort du bain. Elle le sèche avec une serviette.
Le petit cochon veut s'échapper.

La reine entre.

« Où as-tu trouvé ce petit cochon ? Et comment as-tu fait pour salir ainsi ta robe ? » demande la reine.

Alice soulève le petit cochon.

« Je l'ai trouvé dans une flaque, répond Alice. Il est si mignon ! » Elle l'embrasse sur le bout du nez.

Il y a un éclair de lumière.

«Qu'est-ce que c'est ? » demande Alice. Le cochon a disparu. Il y a un petit prince à la place.

« Il peut rester avec nous ? » demande Max.

« Non, répond la reine, on ne peut pas le garder avec nous. Fais-le disparaître immédiatement, Alice. »

Alice embrasse le petit prince.

Il y a un éclair de lumière. Le prince disparaît. Le petit cochon apparaît. « C'est mieux », dit la reine.

« Remets-le dans la porcherie. »

« Et ne l'embrasse plus jamais », dit la reine. « Non, promet Alice, je préfère les cochons aux princes. »

LE PETIT DRAGON

Voici le château de Blanchepierre.

Voici le roi Léon et la reine Rose. Ils ont deux enfants, le prince Max et la princesse Alice.

Max et Alice jouent dans la cour.

Max est le chevalier. Alice est le dragon. « Et si on partait à la recherche d'un vrai dragon ? » dit Max.

Ils passent la porte du château.

« Nous partons chercher un vrai dragon », dit Alice au garde. « Les dragons n'existent pas », répond le garde.

Ils passent le pont.

Puis ils suivent le chemin jusqu'en haut de la colline.
« Va-t-on trouver un vrai dragon ? » demande Alice.

« Regarde, une grotte ! » dit Max.

« Les dragons vivent dans les grottes. Il y en a peut-être un dans celle-ci. » « Si papa était là... » soupire Alice.

Ils regardent dans la grotte.

« Sors de là, dragon », crie Max. Il agite son épée.
« Il n’y a rien dans cette grotte », dit Alice.

« Regarde ! » s'écrie Max.

Des flammes et de la fumée sortent de la grotte.
« Rentrons », dit Alice.

« Qu’est-ce que vous voulez ? »

Un dragon sort de la grotte, tout ensommeillé. « Vous m’avez réveillé », dit-il. Il bâille. On voit ses dents.

« Tu ne me fais pas peur. »

« Je suis une princesse, lui dit Alice, et toi, tu n’es qu’un petit dragon de rien du tout qui a mauvais caractère. »

« Excusez-moi », dit le dragon.

Il baisse la tête. « J'ai tellement faim ! Chaque fois que je demande à manger à quelqu'un, il s'enfuit », explique-t-il.

« Viens avec nous », dit Max.

Ils redescendent la colline. Le dragon court derrière eux. « Attendez-moi », leur crie-t-il.

Max et Alice rentrent au château.

Le roi sort et dit : « Qu’est-ce que c’est que ça ? » Le vieux Gustave, le serviteur, se cache derrière la porte.

« C'est un petit dragon affamé. »

« Apporte-lui quelque chose de bon à manger », dit le roi à son vieux serviteur.

« Voici de quoi manger », dit Max.

Gustave apporte une énorme assiette remplie de nourriture. Il la pose sur le sol. « Merci », dit le dragon.

« Il peut rester avec nous ? » demande Alice.

« Oui, répond le roi. Il aura trois repas par jour et en échange, il allumera le feu dans la cheminée. »

LE BALAI MAGIQUE

Voici le château de Blanchepierre.

Voici le roi Léon et la reine Rose. Ils ont deux enfants, le prince Max et la princesse Alice.

Aujourd'hui, il pleut.

« Qu'est-ce qu'on peut faire ? » demande Max. « Et si on allait voir grand-mère dans sa tour ? » propose Alice.

Max et Alice montent tout en haut de la tour.

La pièce est vide. « Où est grand-mère ? » demande Alice. « Elle est sortie », répond Max.

« Regarde, son balai est là. »

« Et si on disait que c'est un cheval ? » propose Alice.
« Mais grand-mère veut qu'on touche à rien », dit Max.

Alice enfourche le balai.

« Regarde, Max, il bouge. Vite, monte dessus ! » dit Alice. Le balai se met à voler tout autour de la pièce.

« Qu’est-ce qu’on va devenir ? »

« Tiens bon », crie Max. Le balai sort par la fenêtre et vole autour de la tour.

« Où va-t-on ? »

« Comment dirige-t-on un balai ? » demande Max.
« Je ne sais pas, répond Alice, mais je n'ai pas peur. »

Le balai vole au-dessus de la forêt.

Ils s'approchent d'un arbre très, très haut. « Regarde, dit Max, il y a quelque chose qui bouge dans cet arbre ! »

« C'est Mimi, le chat de grand-mère. »

« Pauvre Mimi, il ne peut plus redescendre », dit Alice. Le balai s'arrête près du petit chat.

Mimi saute sur le balai.

« Accroche-toi, Mimi, dit Alice, tu es sain et sauf. »
« À la maison, s'il vous plaît », ordonne Max au balai.

Ils reviennent tous trois au château.

Le balai passe par la fenêtre et entre dans la pièce.
Max, Alice et Mimi descendent.

« On s’est bien amusé », dit Max.

« Dépêche-toi, remets le balai à sa place, dit Alice, j’entends quelqu’un qui vient. »

C’est la grand-mère.

« Ah ! c’est vous, mes chéris, dit-elle, j’espère que vous avez été sages et que vous n’avez touché à rien. »

« Et voici Mimi ! »

« Je l'ai cherché partout ! dit la grand-mère, je le croyais perdu. » Elle est très contente.

« Nous n’avons pas été très sages. »

« Mais nous avons retrouvé Mimi », dit Max.
« C’est le balai qui l’a trouvé », explique Alice.

LE GRAND TOURNOI

Voici le château de Blanchepierre.

Voici le roi Léon et la reine Rose. Ils ont deux enfants, le prince Max et la princesse Alice.

Aujourd'hui, le château est en effervescence.

« Que se passe-t-il ? » demande Max.
« Demain, c'est le jour du grand tournoi », répond le roi.

« C’est quoi, un tournoi ? » demande Alice.

« C’est une grande fête, dit le roi. Elle se déroulera sur ce pré et les chevaliers s’affronteront avec leurs lances. »

« Je vais monter mon poney. »

« Je vais jouer au chevalier », dit Max. Il court vers l'écurie. Alice le suit.

« Je peux venir aussi ? » demande Alice.

« Non, dit Max, seuls les garçons peuvent être chevaliers. » Il monte sur son poney et s'en va.

Alice se précipite dans la chambre de son frère.

Elle s'habille avec les vieux vêtements de Max et se coiffe d'un bonnet. « On va me prendre pour un garçon ! »

Alice se dirige vers les écuries.

Elle monte un poney et avance vers le grand pré. Elle aperçoit Max qui joue au chevalier.

« Viens jouer avec nous », lui dit un garçon.

« Pour jouer au chevalier, il te faut un casque, un bouclier et aussi une lance en bois. »

« Comment t'appelles-tu ? »

« Euh... je m'appelle Alex », répond Alice. Elle enfile le casque. « Voici ton bouclier », dit le garçon.

« Viens te battre ! »

Un grand garçon la défie. Alice est prête au combat. Elle tient d'une main son bouclier et de l'autre sa lance.

« Je vais te faire tomber ! »

Le grand garçon cherche à toucher Alice avec sa lance.
Mais il la manque.

Alice vise avec sa lance.

Elle touche le garçon qui passe à côté d'elle. Il tombe de son poney. « J'ai gagné ! » crie Alice.

« À moi maintenant ! »

« Viens te battre avec moi », crie Max. Mais le poney de la fillette trébuche et Alice tombe.

Le roi et la reine s’approchent, un peu inquiets.

« Ce petit garçon est-il blessé ? » demande la reine.
Elle enlève le casque. « Oh, c’est Alice ! »

Le roi prend Alice dans ses bras.

« Tu es une vilaine petite fille », dit la reine.
« Tu es un brave petit chevalier », dit le roi.